愛されテラーの“声のかけ方”ノート

お客さまの心に響く場面別フレーズ集

中島啓子
Nakajima Keiko

近代セールス社

はじめに

「お客さまにどのように声をかけてよいのかわかりません」

研修講師をしていて、テラーからよく相談されることです。


声かけとしてよくあるのが、お天気の話。

「今日は良いお天気ですね」

「あいにくの雨ですね」

「暑い日が続きますね」などなど。


でも、お天気の話だけで盛り上がれるような会話の達人はなかなかいません。そもそも、それができるようなら、「きっかけトーク」で悩むことなどないでしょう。

そこで私がおすすめしているのが、**ファーストアプローチ「みかんの法則」**です。悩めるテラーの皆さんが、すぐに使える声かけのフレームとして考えたものです。

「みかんの法則」とはどのようなものか。

「み」「か」「ん」の3文字は、それぞれ、お客さまへの声かけの着眼点を示しています。

まず、**みかんの「み」は「〝観（み）ている〟を伝える」**です。これが、ステップ1になります。

お客さまのお召し物、持ち物、表情など、何でもかまいません。観ているものを言葉にします。

「おしゃれなネクタイですね」

こう言葉にすることで、「私はあなたのことを気にかけていますよ」とメッセージを投げかけることができます。

お客さまは、自分のことを気にかけてくれる人に好感をもつものです。

次に、**みかんの「か」**は、〝感情（かんじょう）〟の「か」であり、声かけのステップ2として、**「感情を添える」**を意味しています。

観たものを言葉にしたあと、そこに心をこめて感情の言葉を添えます。先ほどの例でいえば、「おしゃれなネクタイですね」に一言、「素敵ですね」と加えます。

「おしゃれなネクタイ、素敵ですね」

〝共感〟といいますが、皆さんは誰かと感情を共にすることによって、安心感が得られたり、相手に親近感をもったりすることがありませんか。

自分の感情を伝えることは、相手との〝共感〟のために必要なことです。そしてそれは、言葉にして表現してこそしっかり伝わるものなのです。

お客さまには手続きに関することをお伝えするだけでなく、プラス一言を添えましょう――。そうテラーの皆さんにお話しすると、よく、「お足元の悪い中、ご足労いただきましてありがとうございます」と、セリフを棒読みしたかのような声かけをする人がいます。これでは感謝の言葉は伝えられても、なかなかお客さまに響きません。

添える言葉を、感情のこもったものにしてこそ、お客さまとの距離をぐっと縮めることができるのです。

「おしゃれなネクタイ、素敵ですね」

これで、あなたを気にかけているというメッセージを伝え、感情も添えることができました。

ただ、ここまでだと、せいぜい「ありがとう」と言われるくらいで、会話は終了してしまいます。一方通行ではなく、双方向のコミュニケーションを続けるためにステップ3に進みます。お客さまへの最初の声かけは、ただ声をかければいいというものではなく、会話を始めるための「きっかけ作り」ですから、ステップ3が重要になります。

ステップ3の**みかんの「ん」は「(ん)?」**です。つまり問いかけるということ。

「ご自身で選ばれたのですか？」

このように問いかけることで、この質問へのお客さまの答えを糸口に会話を広げていくことができます。

「おしゃれなネクタイ、素敵ですね。ご自身で選ばれたのですか？」

「みかんの法則」を使ったフレーズの完成です。

お客さまにとってそのネクタイは、お子さまからお誕生日にプレゼントしてもらったものかもしれません。結婚記念日の、奥さまからのプレゼントかもしれません。そうした話を入口にして、ご家族との関係や思いを聞くことができ、そのことがきっかけで新たなお取引につながることもあるのです。

ここで紹介したファーストアプローチ「みかんの法則」は、きっかけトークの一つの切り口に過ぎません。ただ、この考え方を応用することにより、お客さまとのやりとりのさまざまなシーンにおいて、ちょっとした会話を加えたり、言い方を変えたりするだけで、お客さまと親しくなることができ、好感をもたれるようになります。感謝されることも増えるでしょう。

この本には、金融機関の窓口におけるさまざまなシーンを取り上げ、そこでお客さまにどのような声かけをしたらいいのかを具体的に紹介しています。

ここにあるフレーズを参考にして、お客さまにどんどん積極的に話しかけてみてください。

また、各章の最後には、「こういうシーンでは、私だったらこんな声のかけ方をする」という言葉を考えていただくページを設けました。思いつくシーンとそこでの声かけを書き込んでいただき、あなただけのノートを作りあげてください。声のかけ方を考えて言葉にすることを習慣化すれば、自ずと成績も上がり、仕事が楽しくなるでしょう。

たった一言の「声かけ」から、お客さまとの関係が深まり、お客さまに可愛がっていただいているテラーを、私はたくさん見ています。「お客さまに感謝された」といった喜びの声も届いています。

皆さんの優しさやあたたかさ、ときにはおちゃめなところなどが声かけによって表現されれば、お客さまはきっと心を開いてくれます。

皆さんがお客さまに愛されるテラーになりますように…。

中島啓子

※「みかんの法則」は登録商標です（商標登録６０７６５６９号）。

もくじ

第4章 お客さまに感謝の気持ちを伝える一言……63

第5章 ちょっと対応に困るお客さまへの一言……77

第1章

「みかんの法則」でお客さまの心をつかむ

scene 1

スポーツウエアを着ているお客さまに

「スポーツウエア、お似合いですね。何かスポーツをされているのですか?」

お客さまのお召し物に関心を持つことは、「はじめに」で紹介したファーストアプローチ「みかんの法則」(「み」=観ていることを伝える、「か」=感情を添える、「ん」=ん?で問いかける)の基本であり王道です。

スポーツウエアやポロシャツなどはお客さまの趣味に通じる場合があります。自分の趣味の話は、人に話したくなるものです。「お似合いですね」「素敵ですね」「きれいな色ですね」などの言葉を添えて、お客さまから話をしてくれるように盛り上げましょう。

scene 2

これからお出かけらしく、おしゃれしているお客さまに
「お洋服、素敵ですね。これからどちらかお出かけですか？」

特にお客さまが気合をいれていらっしゃると思われるもの、たとえばアクセサリーやお召し物の色、デザインなどを具体的に指し示すと、さらにお客さまのおしゃれをクローズアップすることができます。

また、よくご来店になるお客さまでしたら、「いつもと雰囲気が違いますね」とか「今日はまたさらに輝いていますね」と、いつもとは違って見えることを伝えることで、いつも気にかけていることをアピールします。

お出かけ先やお出かけの目的を聞いて、一緒に盛り上がることができればお客さまとの距離もぐっと縮まることでしょう。最後に「楽しんできてくださいね。またお話を聞かせてくださいね」という一言を忘れずに。

scene 3

テニスラケットを持っている年配のお客さまに
「テニスをされるのですか？かっこいいですね。憧れます」

お客さまの持ち物にも日ごろから注目しておくことが大切です。テニスラケットをお持ちということは、テニスが趣味であると考えられます。自身の好きなことや趣味の話は、お客さまにしてみれば話しやすく聞いてもらいたい話題であることがほとんどでしょう。積極的に話しかけたいものです。

さらに、ご年配のお客さまでしたら、テニスをしていることに対する驚きや「若々しい」と感じることを表現することで、心のこもった会話になります。生き方に憧れるといった一言を加え、相手を敬う思いも伝えられるといいですね。

最初に問いかけを行うというのは、「みかんの法則」の声をかける順番とは多少異なりますが、同じ効果があります。

scene 4

手作りのバッグを持っているお客さまに
「バッグ、素敵ですね。手作りですか？今度ぜひ作り方を教えてください」

何かお客さまの特技や趣味の話を聞いたら、「教えてください」と言ってみましょう。単に「いいですね」と言われるよりも、お客さまにとってみると、自分のやっていることに興味を持ってくれていることが伝わり、よりうれしいはず。自尊心をくすぐられる人もいることでしょう。

また「教えてください」という言葉で、相手を尊重している気持ちを表現することにもなります。目上の方から学ぼうという姿勢を示すことが大切です。

scene 5

マスクをしているお客さまに「マスクをしていらっしゃいますが、お風邪ですか？」

マスクをしているということは、お客さまにとって体に注意が向いているということです。お客さまの関心ごとに対して「私は気にかけています」というメッセージを投げかけましょう。これも「みかんの法則」の一つです。感情を示す具体的な言葉は入りませんが、「心配している」「気にかけている」というメッセージをこの言葉と表情、そして声のトーンで表します。

花粉症の季節でしたら「花粉症ですか？」、インフルエンザが流行っている時期でしたら「インフルエンザ予防ですか？」と言葉を変えてもいいですね。

自分の体のことを心配してくれる人の存在はありがたいものです。

scene 6

小さなお子さんを連れているお客さまに
「お子さま、可愛いですね。何歳ですか？」

お子さん連れのお客さまがいらっしゃったら、お子さんの話題をふってみましょう。

子育てに関しては、ひとそれぞれ思いが違います。お客さまから子育てに疲れている様子が伺えたら、愚痴などを聞いてあげてくださいね。

自分自身にも子どもがいるようなら、お客さまと共感できることも多々あることでしょう。共通の話で盛り上がりましょう。お子さんがいない人も大丈夫。子育てとはどのようなものなのか教えてもらうというスタンスで、子育ての状況や将来に対する希望や不安などを聞いてみましょう。

お子さんの将来の教育資金の準備などのご提案に、自然な流れで進むことができますよ。

scene 7

おなかが大きなお客さまに
「おなかの赤ちゃん、大きくなりましたね。今、何か月ですか？」

まずはおなかが大きいことに気づいていることを伝えるために、「何か月ですか」と出産時期を確認する問いかけをしてみましょう。

妊婦さんは妊娠5～6か月の安定期に入ると、比較的過ごしやすい時期になります。出産間近であれば、「もうすぐですか？　楽しみですね」といった声かけもよいでしょう。妊娠中は人によっては体調の変化も激しく、つらい思いをしている方もいます。体調を気遣う言葉をかけたいものですね。

お帰りの際には「お気をつけてお帰りください」といった配慮の言葉を忘れずに。また、「赤ちゃんが生まれましたら、ぜひ連れてきて会わせてくださいね」と来店を促しましょう。

scene 8

よくご来店されるお客さまが疲れた表情をしていた際に
「お疲れの表情、心配です。お仕事お忙しいのですか？」

よくご来店されるお客さまの変化に気づいたら、声をかけましょう。いつもあなたのことを見ていますというメッセージを投げかけることができます。このケースのように「疲れた表情」といった一見マイナスのようなことでさえも、「心配です」という心を込めることによって、思いの通った会話につながります。

また、髪形を変えたといった変化に気づいたら、同じように「髪形変わりましたね。かっこいいです。何か心境の変化でもあったのですか？」と、大げさなくらいにリアクションをしてみましょう。お客さまも悪い気はしないはずです。

scene 9

けがをして松葉杖をついて来店したお客さまに
「どうなさったのですか？」

まず、驚いたことをジェスチャーで表現し、どうしたのか尋ねてみましょう。こちらも「みかんの法則」の「み」と「か」は省略していますが同じことです。

問いかけて、お客さまが答えたくないようであれば、それ以上は質問を投げかけないようにします。「まだこうしてご来店いただける状態で良かったです」と、けがをされたことはご本人にとっては大変であり痛かったかもしれませんが、命に別状がなく安心したという言葉を投げかけ、励ますのも一法です。

けがなどをすると、通常ではたいしたことのない動作が大変になるということを覚えておきましょう。たとえば、松葉杖をつきながらドアを手前に引く、立ったまま用紙を記入するといった動作です。けがの状態に合わせて、椅子をすすめるなどの配慮をしましょう。そして、最後に「お大事にしてくださいね」という一言を忘れずに。

column

研修後のアンケートで、受講者からの反応が一番多いのが「みかんの法則」です。研修の中ではワークを行うのですが、すぐに実践できて効果を感じられるため好評です。

ある渉外担当者と同行訪問した際に、実際に「みかんの法則」を使ったことでの好事例があります。渉外担当者は、訪問して早々に自行のキャンペーン商品をすすめはじめました。お客さまは「他でやっているから、もうええわ」と渉外担当者の言葉を遮ります。担当者は何も言えなくなってしまいました。そこで、私が介入しました。「こちらに飾ってあるお写真は、ご主人ですか。賞状やトロフィーもたくさんありますが、すごいですね。ゴルフはもうどのくらいされているのですか？」

そのお宅の玄関には、ご主人のゴルフの写真がこれ見よがしに飾ってあったのです。そこから、ご主人は気持ちよくゴルフの話をし、その後、渉外担当者との会話もはずみ、おすすめした商品の契約にまで至りました。

コミュニケーションセンスの優れた方は自然にやっていることです。ぜひ実践して、その効果のほどを感じていただけたらと思います。

scene

「みかんの法則」を使ったお客さまへの声かけを皆さんも考えてみましょう。まずはシーンを想定し、それを書き込んでください。そこで皆さんなら、どんな声かけをしますか？

シーン

お客さまへの声かけ

実際にやってみてお客さまの反応はどうでしたか？

第2章

会話でお客さまとの距離を縮める一言

scene 1

奥さま（ご主人）と旅行に行ってきたというお客さまに

「どちらに行かれたのですか？奥さま（ご主人）も幸せですね」

まずは、どのような旅行だったのかを聞いてみましょう。お客さまが話したいと思うことを聞くのは、会話でとても重要なことです。少し大げさなくらいのリアクションで聞くと、気持ちよく話してくれるでしょう。

お客さまが誰かと一緒に何かをしたり、誰かのために何かをしたりしたことを聞いた場合には、その相手の方が幸せである、喜んでいるに違いない、ということを伝えます。自分の存在が認められるのはうれしいことですよね。

scene 2

入院していたが、最近退院したというお客さまに
「退院おめでとうございます。今はお体の様子はいかがですか？」

お客さまの今の体調を気遣う言葉をかけたいものです。単に「お大事にしてくださいね」という言葉で終わらせるのではなく、体調を伺うことで、私はお客さまのことを心配していますというメッセージを伝えることができます。

その際には、お客さまの表情に合わせて、お客さまがつらそうな表情をしている場合は同じようにつらい表情で、元気そうなら笑顔で対応しましょう。

scene 3

息子さんが結婚されたというお客さまに「おめでとうございます。可愛いお嫁さんが来てくれてよかったですね」

本人の意向はともかくとして、子どもが結婚しないことを悩む方は多く、「うちの子はいまだ独身で」とか「なかなかもらい手がなくてね」と嘆く親御さんをよくみかけます。そのような方から子どもの結婚報告を受けたときには、お相手がどのような方なのか、どんな思いなのかをぜひ聞いてみましょう。

お相手の方のことを「可愛い子で」とおっしゃっていたら「可愛いお嫁さんが来てくれてよかったですね」、「優しい」とおっしゃっていたら「優しいお嫁さんが来てくれてよかったですね」と、お客さまの言葉を使って「○○のお嫁さんが来てくれてよかったですね」と一緒に喜びましょう。

scene 4

お誕生日が近いお客さまに
「もうすぐお誕生日ですね。おめでとうございます」

お客さまの生年月日を確認する機会は意外と多いものです。たとえば、本人確認書類である免許証や保険証を見せていただいたときや、顧客の属性照会をした場合などがあげられます。お誕生日はその人にとって特別な日です。お誕生日が近いお客さまには積極的に声をかけて「特別感」をアピールしましょう。

また、保険商品では年齢によって保険料が変わってきますし、公的年金を受け取れる年齢になれば、ご案内すべき内容も変わってきます。セールスチャンスでもありますので、一緒にお祝いしながらアプローチできるといいですね。

scene 5

お客さまと出身校が同じだと知ったとき

「わあ、私も○○校の卒業生です。一緒ですね」

お客さまと何か共通項を見つけたら、感嘆詞を使って驚き、喜んでいることを表現しましょう。共通項があると、安心感が生まれます。「一緒ですね」という言葉を使って、強調するとよいでしょう。

さらに、お客さまが年上であれば「○○さまは私の先輩ですね」もしくは「私は○○さまの後輩ですね」と加えることによって、お客さまを立てることができます。

scene 6

「若いっていいわね。私もその頃に戻りたいわ」という高齢の方に

「ありがとうございます。○○さまは私と同じ頃、何をされていたのですか？」

その頃に戻りたいというのですから、きっとその方にとって素敵なときを過ごされていたのではないでしょうか。もしくは、その頃に戻ることができたら、やりたいことがあるのかもしれません。

お客さまはテラーであるあなたのことについて話しかけてくださったわけですが、そこからは、話の方向をあなたのことではなくお客さま本人のことに移すように話題を振ってみましょう。お客さまとの会話では、常に相手に矢を向けることが大切です。お客さまも気持ちよくお話ししてくれるはずです。

scene 7

前回「ゴルフに行く」と言っていたお客さまに

「ゴルフはいかがでしたか？」

前回ご来店いただいた際に話したことを覚えておき、ぜひ、その続きを伺ってみましょう。お客さまの話したい話題でもありますし、お客さまにしてみると、覚えていてくれたことがうれしいはず。形式的な対応ではなく、お客さまにいつも関心をもっているということを伝えることができ、親近感がぐっと増します。

ここでは、お客さまが行くと言っていたゴルフを話題にしています。ゴルフのスコアが良ければ「すごいですね」と一緒に喜び、お客さまには不本意な結果だったときには、「〇〇さまにしてみたら、残念な結果だったのですね。そのスコアで満足しないなんてさすがですね」と、お客さまを持ち上げる言葉を投げかけてみてはいかがでしょう。

また、結果だけでなく、お客さまがどんな気分だったか、感情を尋ねる質問をするとよいでしょう。そして、共感することを忘れずに。

column

研修の中で「自分がお客さまの立場で、レストランやコンビニなどのお店に行ったときにうれしかったことは何ですか？」と聞くと、名前や前回の会話を覚えていてくれたこと、という答えが必ずといっていいほど返ってきます。来店客は多いのに、自分のことを覚えていてくれるというのは何か特別な感じがしてうれしいものですね。自分がしてもらってうれしかったことは、ぜひお客さまにも同じようにしてみましょう。

美容院には、顧客カードにお客さまとの会話を記録しているところが多いようです。かくいう私もテラー時代にはこの手をよく使い、お客さまに可愛がっていただきましたよ。

scene 8

「〇〇銀行がよくしてくれるから」というお客さまに

「『よく』とおっしゃいますと、具体的にはどのようなことをしてくださるのですか？」

お客さまの言葉には、金融機関からどのようにしてほしいのかという要望が含まれています。ここでの「よく」はその人の価値観を反映したものです。その〇〇銀行が、具体的にどのようによくしてくれているのかを聞いてみましょう。

たとえば「いつも優しい言葉をかけてくれる」ということでしたら、どのような言葉なのかをさらに聞き、同じような優しい言葉をいつも多く投げかければ、そのお客さまにとって「よくしてくれる」テラーになるわけです。相手が喜ぶことを知ることは、応対のひとつの鍵となるでしょう。

scene 9

子どもが受験に失敗したというお客さまに

「そうでしたか。それはお子さまもですが、お母さま（お父さま）のおつらさもお察しします」

受験に失敗したというと、お子さんに視点が行きがちですが、私たちは目の前にいるお客さまの心情に寄り添いたいものです。もしかしたら、お子さんご本人よりも、親御さんであるお客さまのほうが落ち込んでいるかもしれません。その気持ちを受けとめることが大切です。

「次は大丈夫ですよ。きっと合格しますよ」といった軽い感じでの励ましは、不快に受けとめられ、かえって逆効果になる場合もありますので注意が必要です。

scene 10

以前、（この金融機関で）嫌なことがあったというお客さまに

「嫌なこととおっしゃいますと？よろしければ詳しくお伺いできませんか？」

以前に嫌なことがあったというお客さまには、その思いを吐きだしていただくことが大切です。嫌な思いを抱えたままでは、今後私たちの提案を聞いていただくことは難しいでしょう。

嫌な思いを聞くことは、クレームを受けることにもなりますから、担当者としてあまりいい気分ではありません。しかし、お客さまの話をお客さまと同じ方向から聞き、「おっしゃるとおりだと思います」「そのようにお感じになるのはもっともです」と共感しながら受け取るようにします。

過ぎ去ったことを話題にする機会は少ないと思いますが、過去にあった嫌な思いを聞きだすことは、今後の関係性を深めるためにはとても重要なことです。

scene 11

インフルエンザが流行している時期に
「ご家族さまはインフルエンザは大丈夫ですか？」

ご来店されているということは、お客さま自身は病気にかかっていないということでしょうが、インフルエンザなどの病気が流行している時期には、お客さまのご家族への配慮の一言を投げかけます。

お子さんのいらっしゃる方でしたら、学級閉鎖になっていることもあるかもしれませんし、お友だちがかかっている場合には心配です。

ご家族がかかっている場合は、看病がたいへんなうえに、お客さまにもうつる可能性があるため、「早くよくなるといいですね。○○さまもどうぞお気をつけください」など、お客さまの体調を気遣う言葉をかけましょう。

scene 12

定年退職をされたお客さまに「ご退職、おめでとうございます。長い間お疲れさまでした。これからやることなど何か決めていらっしゃるのですか？」

まずは、長年のお仕事に対するねぎらいの言葉を伝えましょう。お仕事のご苦労話などを尋ねてもいいですね。武勇伝が聞けるかもしれません。

そのうえで、お客さまのセカンドライフに焦点を当てていきます。どのような生活をしようとしているのか、これからの生活に対して抱いている希望や不安などをお尋ねしていきましょう。お客さまの希望を叶えるために、また不安を解消するために、資産運用や保障の話など、金融機関として提案できることに自然と結びつけることができるようになります。

信頼しているテラーには、大事な退職金のことについても相談してくれるでしょう。

scene 13

3歳のお子さんがいらっしゃるというお客さまに「お母さまにとってみたら、可愛いと同時に一番手がかかるときでしょうか？」

小さなお子さんというと「可愛い時期ですね」という声かけが定番ですが、実際に子育て経験のある方ならおわかりのとおり、その時期は大変な時期でもあります。「魔の2歳児、3歳児」という言葉があるように、「イヤイヤ」が増え、お母さんにとってはとても手のかかる時期なのです。子育てが思い通りにいかずに悩んでいる方や、つらい思いをしている方もいることでしょう。

ですからここは、人にはなかなか言えない、そのようなお母さまの思いを受けとめた一言を投げかけてみてはいかがでしょうか。一般的な声かけよりも、お客さまとの距離をぐっと縮められるかもしれません。

scene 14

ご家族に不幸があったお客さまに
「このたびはご愁傷さまでございました。何と申し上げてよいのかわかりません」

ご家族に不幸があったお客さまの心情はとてもはかりしれません。気の利く言葉などはありません。まずは、「このたびはご愁傷さまでございます」「お悔やみ申し上げます」と一言添えてから、どのように言葉をかけていいのかわからないことを素直にお伝えしましょう。そのほうが誠実さが伝わり、お客さまの気持ちに寄り添うことができます。

そして、「何か私どもにお手伝いできることがありましたら、遠慮なくおっしゃってくださいね」と付け加えることができるといいですね。

scene 15

お客さまが他行のテラーをほめたとき

「素敵な方ですね。見習いたいと思いますので、またいろいろ教えてくださいね」

他行のテラーをほめるということは、自行に何か不満があるのかもしれません。もしくは「私の期待に他行は応えてくれるけれど、あなたのところは応えてくれない」ということを遠回しに伝えているのかもしれません。このような場面こそ不快な態度を示さずに、一緒に他行のテラーの素晴らしさを認め、自分たちも改善していきたいという意向を伝えます。そして、教えてくれたことに感謝の意を込めて、ご教示をいただくという姿勢で対応します。

他行のテラーの具体的な良い点を聞くことで、実際に私たちの応対に活かすことができればさらによいでしょう。お客さまの見方が変わり、今度はあなたのことを他行でほめてくださるかもしれませんよ。

scene

お客さまとの会話の中の大事な一言を逃さずに、的確に声をかける。ここでは、そうしたパターンでの声かけについて、具体的なシーンを想像し、考えてみてください。

シーン

お客さまへの声かけ

実際にやってみてお客さまの反応はどうでしたか？

第3章

好感度が高まる声かけの一言

scene 1

子どもの大学進学が決まり、入学金を振込みに来たお客さまに

「大学合格おめでとうございます。これまでにお母さま(お父さま)も大変な思いをされたのでしょうね?」

まずは大きなリアクションで合格に対するお祝いの言葉を伝えましょう。受験では本人だけでなく、ご家族も大変な思いをしていることが少なくありません。お子さんの様子やお子さんとの関わり方、そして受験や子育てに関するご苦労などを聞いてみるといいですね。

自分がまだ大学を卒業して間もなければ、「親への感謝」の気持ちについてお客さまに話すのもよいでしょう。自分にも子どもがいるなら、同じ親の立場から、子どもに対する心配や希望について話すのも一法です。

scene 2

結婚で名義変更に来店されたお客さまに
「ご結婚、おめでとうございます。これからの生活が楽しみですね。新婚生活はいかがですか？」

お客さまのお祝い事に対しては、一緒に喜びを表現し、笑顔で明るく「おめでとうございます」と伝えましょう。そのうえで、さらに新婚生活の様子などを伺います。のろけ話が出てきたならしめたもの。友だちと恋話をする感覚でいいのです。

いろいろ話をしてもらうことができたら、将来設計の話から資産形成の話などに結びつけることができます。

scene 3

離婚で名義変更に来店されたお客さまに

「新しい生活には慣れましたか?」

名義変更を行うのは「結婚」のときばかりではなく、「離婚」の場合もあります。離婚だから悲しいこと、つらいことと決めつけずに、気を遣いすぎず、ニュートラルに聞いてみましょう。お客さまによっては新たな人生の第一歩と捉えているかもしれません。お客さまがそのことに触れてほしくない様子でしたら、話題を変えればいいのです。

テラーの方からよく「どこまで踏みこんでいいのですか?」という質問を受けます。それはお客さまによっても、お客さまとの関係性によっても異なります。話しかけなければ何も始まりませんから、まずは問いかけて、お客さまの反応によって変えていきましょう。

「結婚」「出産」「退職」などのライフイベントに際しては、お客さまの気持ちに寄り添って話を聞くことで、会話を広げていけるといいですね。

scene 4

住宅ローンの利用客で久しぶりに来店されたお客さまに
「お久しぶりです。お住まいは快適ですか？」

自店をメインバンクとしてご利用いただいているお客さまが久しぶりに来店されたら、驚いた様子で「お久しぶりです」「ご無沙汰しています」「お元気でしたか？」と、まずは少し大げさなくらいの態度でお迎えしたいものです。

お客さまとしても、自分の存在を覚えてくれているというのはうれしいもの。近況を聞いてみるのもいいですね。

住宅ローンをご利用ということであれば、新居に入りたての方でしたら「新しいお家の住み心地はいかがですか？」、長くお住まいの方でしたら「そろそろリフォームなどもお考えですか？」などと、利用年数に合わせて、お住まいに関することを聞いてみましょう。

scene 5

新券への両替のお客さまに
「何かお祝い事ですか？」

お客さまが新券への両替に来られた背景には、お祝い事がある場合が多いと考えられます。おめでたいことなので、話のきっかけとするには適しています。

時期によって、お正月であればお年玉、3～4月であれば入学祝い、10～11月であれば七五三のお祝いかな、などと想像することもできますね。「お孫さんへのお祝いですか？」と尋ねてみてもよいでしょう。また、両替する方の年齢や金額によっては、結婚のお祝いと見越して「結婚式のお祝いですか？」などと問いかけるのも一法です。

お祝い事の内容が聞けたら、少し大げさなくらいに一緒に喜んで、「おめでとうございます」とお祝いの言葉を述べましょう。

うれしいことや楽しい出来事を一緒に喜んでくれる存在に、人は好感を持ちます。

column

金融機関の覆面調査をすることがあります。覆面調査では、お客さまの立場で店頭に伺い、テラーの応対をチェックします。テラーの皆さんからは嫌われる仕事ですね。その際、新券への両替をすることがありますが、声をかけられたことがありません。研修のロールプレイングの中では「何かお祝い事ですか？」と声をかけるテラーは多いのですが、現場で体験したことがないのです。一見客だからでしょうか？

覆面調査の際には、マスクをしていくことが多いのですが、「お風邪ですか？」と声をかけられたこともありません。娘に高校の受験料の振込みをさせたこともあるのですが、「頑張ってくださいね」という一言もありませんでした。とてもさみしい気持ちがします。機械化が進む現代だからこそ、ちょっとしたきっかけを生かせるといいですね。

scene 6

お孫さんにお祝いを贈るため、出金に来られたお客さまに

「お孫さんへのお祝いですか？ おめでとうございます。○○さまのようなおじいちゃま（おばあちゃま）がいてお孫さんがうらやましいです」

もし自分がお客さまの孫世代なら、孫の立場からここに挙げたような言い方で、娘世代であるなら、娘の立場で「○○さまのようなお父さま（お母さま）がいらっしゃって、娘さんがうらやましいです」といったように言ってみましょう。お客さまのことを家族にたとえることで親近感が増します。また、「うらやましい」という言葉により、自分の思いを伝えながら、相手を讃えることができます。

目上の人に対しては、直接ほめ言葉を使うよりも、このように自分がどう感じたかを話すと、効果的に気持ちが伝わります。

さりげなく使ってみてくださいね。

scene 7

公共料金を支払いに来られた学生に「ひとり暮らしをされていらっしゃるのですか？」

最近は、公共料金の支払いにはコンビニを利用することのほうが多く、学生がその支払いに来店するケースは少ないかもしれません。せっかくの機会ですから、話しかけてみましょう。自分で公共料金を払っている方でしたら、ひとり暮らしをしていると考えられます。仕送り口座はどうしているか、アルバイトはしているか（バイト代はどのように受け取っているのか）といったことを聞いてみるのもいいですね。

口座振替や定期預金、積立定期など金融機関が扱っている商品やサービスも、私たちにとっては当たり前でも、知らない学生は意外に多いものです。この機会に利用をすすめてみてはいかがでしょうか？　将来の給与振込口座をつくってもらえるかもしれませんよ。

scene 8

久しぶりに来店されたお客さまの帰り際に

「たまにはお顔を見せてくださいね」

久しぶりにお会いしたお客さまに対しては「久しぶりにお会いできてうれしい」という気持ちを少し大げさなくらい表現します。ご来店されなかった期間はどのような生活を送っていたのか、お元気だったのかを尋ねてみましょう。そして、次回はこんなに長く期間を空けないように、「たまにはお顔を見せてくださいね」と声をかけて見送ります。

お客さまにとってみたら、何か商品を購入したり、新たにサービスを利用するわけでもないのに、顔を見せたことだけで喜んでもらえたら、自分の存在そのものを大切にしてもらっている感じがするのではないでしょうか。「来てよかった」と思ってもらえることと思います。

scene 9

自店との取引は長いが、自分は初見のお客さまに
「はじめまして。〇〇さまでいらっしゃいますよね。いつもご利用ありがとうございます。前々から一度お会いしてみたいと思っていました」

お客さまが「特別」であることをメッセージとして伝えたいものです。これに続けて、「〇〇さまについては、他の担当の者からよく伺っていたものですから」と、以前から関心を寄せていたことを表現します。

お客さまからも「あら、どんなふうに？」と返ってくるかもしれません。何かその方とのエピソードを聞いていれば、「〇〇さまが素敵な方だとお聞きしていたので」など第三者（同僚や上司・後輩など）の発言として話してもよいでしょう。お会いできてうれしいという感情の言葉を添えてもいいですね。

そして、自分を名乗り、「今後ともよろしくお願いします」とアピールしましょう。

scene 10

子どもが親の用事を頼まれて来店したとき

「ありがとうございます。お母さん（お父さん）に頼まれたのですか？お母さん（お父さん）も助かりますね」

親からおつかい事を頼まれ、中学生くらいのお子さんが来店したというシーンです。私がテラーだったとき、親の代わりに税金の支払いのためによく来店されるお子さんがいらっしゃいました。このような場合には、そのお子さんの行為をほめてあげる一言を添えてあげたいものです。その際には、「えらいね」と相手を評価するような言葉をかけるのではなく、用事を頼んだ人の立場からの感謝の思いを伝えるとよいでしょう。

また、子どもであっても私たちの大切なお客さまに変わりはありません。子どもだからと言ってタメ語を使うのではなく、相手に敬意を払い、敬語を使って丁寧に応対しましょう。

scene 11

ロビーで落ちつかない様子のお客さまに
「お急ぎですか？」

急いでいるお客さまというのは、時計を何度も見たり、ロビーで座らずに立ったまま窓口の方をずっと見ていたり、貧乏ゆすりをしていたりと、その落ちつかない様子から急いでいることを伺い知ることができます。まずはその状況に「気づいていますよ」ということを伝えるために、「お急ぎですか？」と確認の問いかけをします。

そして、お待たせしてしまっているのであれば、謝罪の言葉を添え、「急ぎますね」と精一杯お客さまの気持ちに応えようとしていることを伝えましょう。そして動作も素早くします。

scene 12

店内できょろきょろ周囲を見回しているお客さまに

「何かお探しですか？」

店内できょろきょろと周囲を見回しているということは、何かを探している可能性が高いと思われます。そうしたお客さまが目に付いたら、すぐに声をかけ、ご案内しましょう。私たちにとってみれば何でもないことでも、初めて来店された方や新しい手続きをする方にとってみれば、わからないことばかり。その気持ちを汲み取った対応が求められます。

受付場所がわからない場合もありますし、伝票を探している場合もあるでしょう。カウンターの外側にはいつも目を配り、お客さまの状況にいち早く気づくことが重要です。

scene 13

パンフレットを閲覧しているお客さまに「何かお困りのことはございませんか？」

パンフレットを閲覧しているお客さまというのは、少なからず商品に興味をお持ちの方です。お客さまの様子を観察しながら、閲覧を妨げることなく相談に乗れるような声かけをします。「何かお困りのことはございませんか？」「何かご不明な点はございませんか？」「よろしかったらあちらでご案内しますが、いかがですか？」といった具合です。相談するほどではないけれども、声をかけられれば相談してみようかなという気になる方もいることでしょう。

また、パンフレットを持ち帰るお客さまがいらした場合、そのお客さまがどなたなのかがわかれば、その後のアプローチにつなげられます。お客さまのことをよく注意して見ていましょう。

scene 14

ご主人が顔見知りのお客さまの帰り際に
「ご主人にもよろしくお伝えください」

ご主人のことを知っているのであれば、目の前の奥さまだけでなく、ご主人にメッセージを伝えてもらえるような言い方をします。一般的には「よろしくお伝えください」という言葉を使いますが、お孫さんのことなど奥さまと共通する話をご主人と前にしていたら、「お孫さんとのやりとりのお話をまた楽しみにしていますとご主人にお伝えください」など、その方ならではの伝言をお願いするとさらに親近感があり、よいでしょう。

お客さまを大切にすることもさることながら、お客さまのご家族など関連のある方を大切にすると、好印象は強まります。

scene 15

雨の天気予報が出ているとき、お客さまの帰り際に
「これから雨が降るそうなので、どうぞお気をつけくださいね」

天気予報を知らない方でしたら、早く帰ろうと思うでしょうし、声をかけてもらったことで優しくしてもらったと思う方もいるかもしれません。続けて「傘はお持ちですか？」と聞くようにすれば、お客さまへの配慮がさらに伝わります。

金融機関の中には、「傘の貸出サービス」を行っているところもあります。傘は行職員の使わないものや、忘れ物で持ち主が現れないものなどを活用し、コストを抑えた形で実施している店舗もあるようです。こうしたサービスがあると、傘の返却でまたご来店いただけることも期待できます。

これから天気が怪しくなってきそうだという場合には、帰りがけに、こうしたお客さまのことを思いやる一言を投げかけられるといいですね。

scene

ご来店目的に応じた声かけや、店内でのお客さまのご様子に応じたちょっとした一言。まずは具体的なシーンを想像してください。あなたはそこで、どう声をかけますか？

シーン

お客さまへの声かけ

実際にやってみてお客さまの反応はどうでしたか？

第4章

お客さまに感謝の気持ちを伝える一言

scene 4

年金受給日に、その引出しで来店されたお客さまに「○○さま、ご来店お待ちしていました。いつもありがとうございます。○○さまにお目にかかるのを毎回楽しみにしております。お体の調子はいかがですか？」

年金の受取口座として自行をご利用いただいている方というのは、金融機関にとって大切なお客さまです。お客さまの顔と名前を覚えて、ご来店を歓迎していることを言葉にして伝えましょう。自分に会うのを楽しみにしていると言ってもらえたら、うれしいものです。

年金の引出しで来店されるお客さまは、少なくとも2か月に1回はお会いするわけです。その際には体調を気遣う言葉をかけ、お客さまの近況を尋ねましょう。お客さまに、テラーとの会話を楽しみにしてもらえるようになったら、一生おつきあいいただけるのではないでしょうか。

scene 2

最近、年金の受取り指定をしていただいたお客さまに

「先日は年金のお受取り先に指定してくださいまして、ありがとうございます。何か困ったことがありましたら、少しでも○○さまの力になりたいと思っておりますので、いつでもお声かけくださいね」

年金の受取り口座として指定していただいたということは、メインバンクとして選んでいただいたということです。心からお礼を伝え、今後のセカンドライフの中でお客さまの役に立ちたいという思いを添えましょう。

地方に行けば行くほど、金融機関の数も少なく、お客さまの生活の中でメインバンクが占める役割は増します。時には業務に関することだけでなく、日常生活で困っていることなどを聞いて、力になれるとよいですね。

scene 3

電話での店頭誘致に応えて来店いただいたお客さまに「わあ、○○さま、お待ちしていました。ご来店いただきありがとうございます。とてもうれしいです」

こちらの要望や期待に応えてくれたお客さまには感謝の気持ちを表しましょう。「わあ」といった感嘆詞を使うことによって、うれしい気持ちをより大きく表現することができます。さらに名前を呼びかけることで、多くのお客さまの中のひとりではなく、その人に対してのメッセージとして伝わります。

テラーが喜んでいる姿を見て、お客さまも喜んでくださることでしょう。

scene 4

引越してきて、口座開設をしていただいたお客さまに

「お引越しされてきたのですね。数ある金融機関から私どもを選んでいただき、ありがとうございます。何かこちらでわからないことやお困りのことがございましたら、いつでもお声がけください」

お客さまから「引越してきた」と聞いたら、「お引越しされてきたのですね」と答えるというように、お客さまのライフイベントについては、そのことをまずしっかりと言葉にして繰り返しましょう。相手の言葉をなぞることを「バックトラッキング」と言います。バックトラッキングすることで、そのことを私たちも大切に受けとめたということを表現することができます。お客さまからの返答に対して、咄嗟に何も言えなくなってしまったときも、バックトラッキングにより、間を保つことができます。

口座開設のお礼を述べ、これからのお客さまにとって、自分たちがお役に立つ存在であることをアピールすることができればいいですね。

scene 5

新規に口座を開設いただいた新社会人のお客さまに

「ご就職おめでとうございます。たくさんの銀行の中から当行を選んでいただきありがとうございます。社会人生活はいかがですか？」

入学・就職・結婚・出産などのお祝い事をお聞きした際には、まずは「おめでとうございます」とお祝いの言葉をストレートに表現しましょう。また、自行を選んでいただいたことへのお礼を伝えます。その際には「数ある金融機関の中から」という言葉を使ってもよいですし、若いお客さまなどには「たくさんの」といった日ごろ使う平易な言葉を使うと、よりお客さまとの距離を縮めることができます。

また、信用金庫や信用組合、ＪＡなどは、正式には「銀行」でなくとも、一般の方は銀行と区別しているわけではありません。金融機関をひと括りに「銀行」と表現してもよいでしょう。

最後にお客さまの状況や心境などを尋ねる質問をして、お客さまとの会話を広げます。

scene 6

天候が悪い中を来店いただいたお客さまに

「本日はお足元の悪い中、ご来店いただきましてありがとうございます。お召し物など大丈夫ですか？」

まず、天候が悪い中でもご来店いただいたことへの感謝の言葉を伝えましょう。さらに、洋服が濡れていないか、お客さまへの配慮を表現します。

ある金融機関では、「雨の日にご来店ありがとうございます。どうぞご自由にお使いください」といったメッセージとともに、ロビーにタオルを用意しているところもあります。使い終わったタオルをいれる籠も一緒に置かれていました。こうしたサービスとともに、お客さまへの言葉かけができたらさらにいいですね。

scene 7

杖をついて来店いただいた、足の悪い高齢のお客さまに「わざわざご来店いただきましてありがとうございます」

まずは、大変な思いをしてご来店いただいことへの感謝の言葉を伝えましょう。「わざわざ」という言葉を添えることで感謝の気持ちを大きく表現することができます。

また、足の不自由なお客さまを見つけたら、言葉だけでなくすぐに駆け寄り、ドアを開けるのを手伝ったり、ソファーにお掛けになることをすすめたり、サポートをしましょう。ただし、座るほうがつらい場合もありますので、お客さまの意向を確認しながら対応することが大切です。

さらに、金融機関まで歩いてどのくらいの時間がかかるのか、どのような経路でいらっしゃるのか等を聞いて、ご足労いただいたことに寄り添います。

お客さまに問いかけることは、情報収集のためだけでなく、「お客さまのことを理解しようとしています」というメッセージを投げかけることにもなるのです。

column

私がテラーだったとき、毎月、手押し車でよちよちと歩いてご来店されるお客さまがいらっしゃいました。

ある日、このお客さまが涙ながらに話してくれたことがあります。「先日、道を歩いていて、転んでしまったの。だけど、こんなばあさんには誰も声をかけてくれないし、手も貸してくれなかった。ここへ来ると、あなたは『来てくれてありがとう』って声をかけてくれるでしょ。そして、いつも優しくしてくれるでしょ。本当にうれしいのよ。こちらこそありがとね」と。

余談ですが、このお客さまからは「孫の嫁に来てほしい」と強く切望されました。もう何年も前のことになりますが、私にとっても忘れられないお客さまです。

scene 8

住宅ローンをお申込みのお客さまに

「住宅ローンのご利用に私どもを選んでくださりありがとうございます。いよいよですね。どのようなお気持ちですか？」

マイホームの購入というのは、人生で一番の大きなお買い物です。テラーにとってみれば単なる事務対応のひとつにすぎませんが、お客さまにとっては大きな決断であり、特別なことです。まずは、自行を選んでくださったことに対するお礼を伝えましょう。

マイホームの購入に際しては、喜びとともに、これからの支払いを考えると不安を抱いたり、武者震いしたりする方もいらっしゃることでしょう。長いおつきあいになるのですから、お客さまの心に寄り添い、エールを贈りたいものです。

column

私の友人は、住宅ローンを組んだときに、はじめてその銀行と取引することにしたそうです。ローンを組んだ人向けにライフプランと資産形成のセミナーがあり、大変満足したそうですが、窓口でのテラーの応対があまりにも事務的で残念だったと話してくれました。

さらに彼は、「しっかり働いて頑張って返済していこうという決意を後押ししてくれる励ましの一言があれば、この銀行と長いおつきあいをしていこうという気になったのに…」とも言っています。

scene 9

涉外担当者が訪問しているお客さまが来店されたとき

「いつも担当の○○がお世話になっております」

訪問先のお客さまが来店されたときには、ご来店のお礼と併せて、「いつもよくしてくださってありがとうございます」といったように、渉外担当者がお世話になっていることに対しても言及しましょう。もし、渉外担当者からお客さまとのエピソードを聞いていたのであれば、たとえば「○○さまには、暑い夏にいつも冷たいおしぼりを出していただけると喜んでおりました。ありがとうございます」などと具体的に感謝の気持ちを伝えることができ、さらによいですね。

間接的にお礼を伝えることは、直接的に言うよりも時には効果があり、渉外担当者の株を上げることにもつながります。

scene 10

応対の良さをほめられたとき
「ありがとうございます。〇〇さまのおかげです」

応対などについておほめの言葉をいただいたときには、まず素直に受けとってお礼を言いましょう。そして、おほめいただいた方のおかげであることを伝えます。具体的に「〇〇さまに、いつもそのような優しいお言葉をかけていただいているおかげです」「〇〇さまを見習ってきたおかげです」と言えるとなおよいでしょう。

ほめた内容について、自分のおかげと言われて悪い気がする人はいません。謙虚な受けとめ方ですし、相手を立てることにもなります。またそのお客さまから、応援や支援をしてもらえるでしょう。

scene

感謝の気持ちを伝えたいお客さまは、たくさんいますよね。まずは具体的なお客さまを思い浮かべて、そのお客さまにどんな言葉で感謝の気持ちを伝えるか、考えてみてください。

シーン

お客さまへの声かけ

実際にやってみてお客さまの反応はどうでしたか?

第5章

ちょっと対応に困るお客さまへの一言

scene 1

いつまでも世間話が終わらないお客さまに
「今日は楽しいお話を聞かせていただいてありがとうございました。また次回、お話の続きを聞かせていただいてもよろしいでしょうか？」

他のお客さまがお待ちの際や、事務作業に追われているときなど、ゆっくり話をきいてもいられないという場合も多いことでしょう。だからと言って、お客さまの話をさえぎることもできません。お客さまの話が途切れた段階、もしくは息継ぎをするタイミングで、「そうでしたか」とあいづちをし、すかさずお礼を言い、次回のご来店に目を向けることで会話を終了させましょう。

「楽しいお話を」の部分は、お客さまの話の内容に合わせて「面白いお話を」や「ためになるお話を」「身につまされるお話を」などとバリエーションを変えることが重要です。お客さまとの会話が有意義だったことを表現し、会話を中断させたという印象を与えないようにします。

それでもお客さまが話を終えないという場合には、正直に「申し訳ありません。もっとお話を伺いたいのですが、他のお客さまもお待ちいただいているので、またお時間のあるときに伺わせていただけませんか？」と謝ってしまうのも一法です。

もしくは、困ったときには店内で合図を決めておき、後ろから役席者か他の担当者が声をかけるようにするなど、体制を整えておくのもよいでしょう。

scene 2

「もう先が長くないから」と言う高齢のお客さまに
「お元気そうに見えますが、もう長くないと思っていらっしゃるのですね。何か体調で気になることなどおありですか？」

高齢者から「もう長くないから」という言葉は意外と多く聞きます。このように言われると、相手にとってはさほど大きな意味がなくても困ってしまいますよね。「そんなことないですよ」「そんなことおっしゃらないでください」と咄嗟に言ってしまいそうですが、まずはお客さまがそう思っていらっしゃることを、そのまま受け取るというのも一法です。受け取ったことを伝えるには、相手の言葉を反復すればよいのです。

そのうえで、体調を気遣う言葉をかけてみましょう。そうすれば、お客さまの言葉の背景にある思いが聞けるかもしれません。

scene 3

「○年先のことなんてわからないから」と言うお客さまに
「そうですよね。○年先のことなんて誰にもわからないですよね。この○年間は長かったですか？」

たとえば、満期が5年後の積立定期預金などを提案したときに、このような声を聞くことがあるのではないでしょうか。

確かに、高齢者に限らず先のことなど誰にもわかりませんから、言葉に詰まってしまうかもしれません。ここはまず、そう思うお客さまの言葉をしっかり受けとめましょう。

そして、同じ年数の○年前を振り返っていただきます。これから先の○年間は長く感じるかもしれませんが、過ぎ去った○年間はあっという間に感じるのではないでしょうか。

いま何もしなければ、○年先もこのままですが、積立などを始めれば、○年というのは案外あっという間に過ぎて、そのときには○○円貯まっている、といったことを思い描いていただければ、イメージが変わるかもしれません。

scene 4

話の内容が意味不明なお客さまに「ご来店ありがとうございます。よろしかったらあちらでゆっくりお話を聴かせていただけませんか?」

窓口で話の内容が意味不明なお客さまに対応していると、つい声が大きくなったり、何度も同じことを繰り返し話すことになって、周囲の他のお客さまに不快な思いをさせてしまうことにもなりかねません。そのお客さまご本人も注目されることになりますし、個人情報を守るためにも、カウンターで対応を続けることは避けるべきでしょう。

こうした場合には、自然な対応で、応接室か仕切られたブースにお通しし、あとは役席者に対応してもらうようにします。

本人の理解力に疑問がある場合には、成年後見の申立てを行ってもらい、成年後見人等と取引を行います。

scene 5

判断能力が疑われるお客さまに
「ご相談できるご家族の方はいらっしゃいますか？」

高齢化が進み、これからますますこのような場面が増えてくることでしょう。まずは役席者に相談し、ひとりで判断しないようにしてください。判断能力が疑われるお客さまであっても、応対は他のお客さまと変わりありません。相手を尊重し、丁寧な応対を心がけたいものです。

意思・判断能力に疑義があるお客さまの場合、程度が軽い場合であれば、まずは親族の同席をお願いしたいところです。「ご家族の方は一緒にお住まいですか？」などご家族に関する質問をして確認してください。

最終的には、トラブルに巻き込まれないためにも、成年後見制度を利用してもらうのが妥当でしょう。

scene 6

目が悪いからと代筆を頼んできたお客さまに
「目が悪くて、書くことにお困りなのですね」

まずはお客さまの言葉をそのままなぞり、しっかり受けとめていることを表しましょう。

一般に金融機関の内部規定では、お客さまからいただく書類を金融機関の職員が代筆することを原則として禁止しています。そのため「ルールだから」「禁止されているので」とつい言ってしまいがちですが、こちら側の「決まり」をただ主張することは、お客さまを不快にさせかねないということを覚えておきたいものです。

そのうえで「どのように見えますか？」とお客さまの状況を確認しましょう。それで、たとえば拡大鏡を用いたり、書類を拡大コピーする等で対処できるのであれば対応します。「できる限りお客さまに書いていただいたほうが手続き自体は簡単です」と、お客さまにとってのメリットを伝え、書いてもらいます。それでも代筆が必要な場合には、必ず役席者に相談し、内部規定に従って対応してください。

scene 7

「あなたが良いと思うほうにします」という高齢のお客さまに

「ご信頼いただきありがとうございます。私は○○さまのお考えを大切にしたいと思うのですが、いかがですか？」

信頼をしていただくというのはありがたいことですが、その内実が、依存心が強かったり主体性に欠けたりしている場合は、あとでお客さまの親族等からクレームが起こり得るので注意が必要です。信頼していただいていることに対しての感謝の意を表したうえで、本人が自分自身で商品内容を理解しようとしているかを確認する必要があります。

ご自身の意思が確認できない状態での販売は避け、役席者に相談のうえ対応してください。

scene 8

無理な要望をされたとき

「容易ではありません」

お客さまから無理な要望をされると困ってしまいますよね。「できかねます」とストレートに言いたいところですが、ここは一歩下がって「容易ではありません」「難儀します」と言ってみましょう。

そうすることで、謝絶するのではなく、お客さまのために一緒に考えて対応するという姿勢を示すことになり、印象が変わってきます。

お客さまから違う提案が出て、折り合いがつけられるといいですね。

scene 9

「あなたしかいなくて」と業務以外の頼みごとをしてきたお客さまに
「とてもお困りなのですね。申し訳ありませんが、せっかく私のことを思い出していただいたのですが、お受けすることはできかねます。本当にごめんなさい」

業務以外でお客さまから頼みごとをされるケースもあると思います。そうしたときには、まず、相手が困っている状態をしっかり受けとめていることを意思表示しましょう。

そのうえで、丁重に謝罪の言葉を伝えます。「時間がないから」などと断る理由を伝えがちですが、理由を伝えることで、そこからさらに「そんなに時間をとらないから」などと突っ込まれ、断りにくくなる可能性があります。

業務上での謝罪の際には「申し訳ありません」という言葉を使うほうが適していますが、個人的なお願いごとをされるほどの距離感でしたら、ここは心をこめて「ごめんなさい」というほうが相手に伝わるかもしれません。

scene 10

「うちの息子をぜひ紹介したい」というお客さまに「ありがとうございます。そんなふうに私のことを思っていただき、とてもうれしいです。せっかくのお話ですが、現在おつきあいをしている人がいます」

お客さまから「息子をぜひ紹介したい」などと言われたら本望ですね。とても気に入っていただいている証拠です。その思いを受けとめ、精一杯のお礼を伝えましょう。

もし、今後の自分のことを考えて、実際に息子さんをご紹介いただくようであれば、上司に相談して仲介してもらいましょう。

お断りするようであれば、たとえおつきあいしている人がいなくても、おつきあいしている人がいるとしてお断りするのがよいでしょう。

scene 11

中学の同級生で、なれなれしく話しかけてくるお客さまに

「本日はご来店ありがとうございます。今日はどのようなご用件でいらっしゃったのですか？」

同級生に話しかけられたら、勤務中とはいえ、プライベートと同じように話したくなりますね。しかし、ここは常に他のお客さまにも見られているということを意識し、他のお客さまと同じように敬語で会話をしましょう。

同級生に敬語で話をするのは気恥ずかしい気持ちもあるかとは思いますが、敬語で対応することにより、その同級生に対しても仕事中であることをわかってもらいます。

同級生ということは、他の人よりわかっている相手でしょうから、ニーズに合った提案ができるかもしれませんね。

scene 12

家族（嫁や姑など）の悪口を言うお客さまに「つらい思いをされたのですね」

お客さまが家族の悪口を言う場合には、聞き役に徹しましょう。その際のポイントは、加担せず、かといって否定もしないことです。

加担してしまえば、それがのちのちご家族の耳に入り、取引に支障をきたすことも考えられますし、「私たちの批判をしていた」とトラブルに発展しかねません。逆に「そんなことはおっしゃらないで」と否定的な話をしようものなら、相手の感情を逆なですることになり、悪口が助長される場合もあるでしょう。

お客さまの話の中に感情を表す言葉があれば、その言葉を繰り返し、「そのように思われたのですね」と相手の心情を受け取ったことを伝えます。

scene 13

近所の人の悪口を言うお客さまに

「そうでしたか。ところで○○さまは、最近お出かけされて良かったところとかございますか？」

信用問題にも関わりますから、悪口や噂話には極力関わりたくないものです。だからと言って、お客さまの話を聞かないと、悪口を言うようなお客さまですから、逆に悪口を言われかねませんね。できるだけ、お客さまの話の切れ目に「そうでしたか」と受けとめる言葉をはさみ、話を早く切り替えましょう。

新しい話題は、日ごろからそのお客さまの関心が高い内容で、食べ物のことや趣味のこと、ファッションのことなど、ネガティブなものでない、楽しい話題にしましょう。

悪口に加わらず、お客さまのことをほめるような前向きな言葉がけを続けていると、悪口を持ちかけられるようなことはなくなります。

scene 14

くわえ煙草をしているお客さまに

「ご不便な思いをさせて申し訳ありませんが、店内禁煙になっております。お煙草はこちらでお願いします」

最近は禁煙の場所が増え、喫煙家の方のご理解も進んでいるため、直接、「店内禁煙になっております」とお伝えしても問題はないでしょう。しかし、その場合も、お客さまに恥をかかせずにお伝えするため、「ご不便な思いをさせて申し訳ありません」と付け加えるといいですね。

また、喫煙所がある場合には、そちらへ誘導しましょう。もし職員の中に、喫煙する人で、そのとき休憩できる人がいるようなら、喫煙しながらならではの会話に花を咲かせるのもよいでしょう。

scene 15

ペットを連れて店に入ってきたお客さまに
「可愛いですね。恐れ入りますが、店内にお連れいただくのはご遠慮いただいております」

そのお客さまにとって、ペットはご家族同然の存在なのだと思いますが、他のお客さまのご迷惑になることも考えられます（盲導犬などは対応が異なります）。

まずは、ペットを連れてこられたお客さまのそばで、恥をかかせないように小さな声でお伝えします。その際に、ペットについて「可愛いですね」などの言葉をいれることによって、お客さまとの距離を縮めるとよいでしょう。

また、言いにくいことを言う場合には、「恐れ入りますが」といったクッション言葉を入れることで、少し遠回しな柔らかい表現になります。

scene 16

自分の子どもが店内を走り回るのを放置しているお客さまに

（お子さんに対して）
「ここで走ったら危ないですよ。
お母さんと一緒に座っていてくださいね」

（お客さまに対して）
「お子さまがけがなどをされたらいけませんので、
お母さま、ご一緒にお願いします」

このような場面では、金融機関側からすると、「他のお客さまのご迷惑になる」「子どものことを放置するなんて」と相手を責めたくなる気持ちがわいてくることもありますね。しかし、それをそのままお伝えするのではなく、お子さんの心配をしているという視点で伝えるとよいでしょう。

まず、ロビーに出て行って、お子さんに話しかけます。お子さんに対しても、丁寧語で接しましょう。お子さんの中には、大人の言葉で接してもらうことで、そこがきちんとした場であることを意識できるかもしれません。そのうえで、お子さんをお母さんのところに連れて行けば、お母さんもなんとかしなければと気づくはずです。

scene

あなたが対応に困るお客さまとはどんな方ですか？　実際にあったことでも想像でも構いません。あなたが対応に困るシーンを思い浮かべ、そこでの一言を考えてみましょう。

シーン

お客さまへの声かけ

実際にやってみてお客さまの反応はどうでしたか？

第6章

お客さまに依頼する際の上手な言い方

scene 1

依頼するとき共通

「お願いできますか？」

お客さまに何か依頼をする際には、「お願いします」というよりも、「お願いできますか？」と問いかける言い方にしたほうが、相手の意向を確認するニュアンスが含まれ、柔らかい印象になります。

もちろん、相手の意向に関係なくお願いしなければならないこともありますが、問いかけにすることにより、一方的なコミュニケーションではなく双方向のコミュニケーションになるというのは「みかんの法則」と同じです。

scene 2

口座開設にあたり、本人確認書類の持参を依頼する

「申し訳ありません。通帳をお作りいただく際には、お客さまの資産をお守りする目的で、ご本人さまであることを確認できる書類をご提示いただいております。お持ちいただけますでしょうか?」

わざわざご来店いただいたのに、お客さまの希望する手続きができなかった場合には、謝罪の言葉を添えましょう。そして、金融機関で求められる煩雑な確認等は「お客さまの資産を守るためにある」という立場でお話しします。

もし、確認書類が必要な理由を詳しく聞かれたり、不満そうな反応の方には、「マネーロンダリング」なども背景にあることを説明します。

なお、「口座開設」といった金融機関では当たり前に使う言葉であっても、お客さまには馴染みのない場合もあります。「通帳をお作りいただく」といった、お客さまが普段使う話し言葉を使うようにしましょう。

scene 3

法人のお客さまに、書類の持ち込みの早期化を依頼する

「いつもご利用ありがとうございます。もしできましたら、こちらの書類、○日前にお持ち込みいただければ、○○さまをいつもお待たせせずに対応できますが、いかがですか？」

手続き上のお願いをする場合には、金融機関側の一方的な都合を前面に出して依頼するのではなく、お客さまにとっての良い提案であるという姿勢で持ちかけます。

そして、相手の意向を伺いながら、対応してくれたらありがたいという思いを「私どもも助かります」といった言葉にして一押ししましょう。

scene 4

不備のあった伝票の書き直しを依頼する

「申し訳ありません。私どもの説明不足でこちらの伝票をもう一度書いていただくことになってしまいました。お手数をおかけしますが、お願いできませんか？」

伝票等に不備があった場合などは、お客さまの間違いを指摘するのではなく、私どもの説明不足等の落ち度でお客さまにご迷惑をかけた、という姿勢で対応するとよいでしょう。金融機関での手続きは記入するものが多く、煩わしいと思っている方が多いものです。高齢になれば、その思いは増してのこと。そのようなお客さまの心情を察し、その思いを言葉に込めて、書き直しをお願いします。

scene 5

ATMの利用を依頼する

「こちらのお手続きでしたら、お手を煩わせることなくあちらの機械で簡単にできますが、いかがですか?」

ATMの利用をお願いする場合には、そのほうがお客さまにとって、伝票を記入する手間が省け効率的であるなど、メリットがあることをお伝えし、誘導します。その際、最後は強制ではなく、意向を確認するように、「いかがですか?」と問いかけます。

必要に応じて、「操作をご案内いたします」「一度、覚えてしまいますと、とても簡単ですよ」と後押しし、フォローをしっかりしましょう。

scene 6

「昔はこれで大丈夫だったのに」というお客さまに手続きを依頼する

「お客さまへのご負担を増やすことになってしまい申し訳ありません。できる限りお手伝いさせていただきますので、今後はこちらのお手続きをお願いできないでしょうか？」

昨今はいろいろな制度の見直しがあり、かつてはテラーと顧客の間で暗黙の了解でまかり通っていたことでも、事務が厳格化されて、今までどおりには済まされないことが多くありますね。お客さまは「昔のほうが良かった」という不満をお持ちなのですから、まずはその点に謝罪の言葉を述べ、私たちもできる限り、お客さまのご負担が少ないように対応したいという気持ちを伝えましょう。

また、なかなか納得のいかないお客さまに対しては、かつてそのような事務処理でトラブルがあったり、お客さまにご迷惑をかけることがあったりしたので、このように事務が改善されたのだと言及してもよいでしょう。

scene

お客さまへの依頼事は多いもの。よくある依頼事や、これまでに依頼の仕方で困ったことを思い浮かべ、どんな言葉で依頼したらいいかを考えてみてください。

シーン

お客さまへの声かけ

実際にやってみてお客さまの反応はどうでしたか?

第7章

お客さまのクレームに対する上手な一言

scene 1

「待ち時間が長い」と文句を言うお客さまに
「お客さまの大切なお時間を頂戴して申し訳ありません」

待ち時間が長いと文句を言うお客さまに対しては、お客さまの感情を察し、不快な思いをさせていることをまず謝罪します。文句を言いたい気持ちはよく理解できるという姿勢で、すまなそうに「できる限り、急いで行います」と対応するとよいでしょう。

まだ手続きに時間がかかるようであれば、あと何分くらいかかるかをお伝えし、お客さまのご都合を伺います。その際、実際にかかる目安の時間より少し長くお伝えすることがポイントです。お伝えした時間よりも早く手続きをすることによって、急いでやったということを表現するためです。

手続きが終わったら、再度「お待たせしてしまい申し訳ありませんでした」と謝ります。このお客さまがまたご来店された際には、「先日はお待たせして、本当に申し訳ありませんでした。用事は間に合いましたか？」などとさらに声をかけてみてください。

scene 2

手続きの書類が多すぎると不満を言うお客さまに

「申し訳ありません。ごもっともだと思います。私もお客さまの立場でしたら同じことを思います。お手数をおかけして申し訳ありませんが、よろしくお願いします」

制度などの変更に伴い、お客さまにご記入いただく用紙が増え、それに対するお客さまの不満を耳にすることも多くなりました。皆さんとしては、ルールですからどうすることもできず、お客さまにも「決まりですから」と言いたくなりますよね。ですがここは、その気持ちをぐっと抑え、まずは手続きが面倒なことを謝罪しましょう。

お客さまの気持ちを汲み取り、お客さまと同じ立場から、金融機関の手続きには不満があるということに共感してしまったほうがうまくいきます。そして必要であれば、なぜこの書面が必要なのか、その背景にある法律等や、それがお客さまの資産を守るためであることをお伝えするとよいでしょう。

scene 3

投資信託が値下がりして文句を言うお客さまに
「確かに値下がりしていますね。要因を一緒に確認いたしましょう」

まずは、お客さまの気持ちを察しましょう。同じ値下がりをしても、お客さまによって、その受け取り方は異なります。「怒っているのか」「残念に思っているのか」「対応に不満を持っているのか」――しっかりと聴くことで、お客さまの言いたいことをつかむことが大事です。

そのうえで、お客さまがお持ちの投資信託の値下がり状況を確認し、今後の取引についてお客さまと一緒に考えるという姿勢を見せます。その際には、一方的な説明ではなく、値下がりした要因を伝えながら、それに対するお客さまの考えを聞いていくとよいでしょう。そして最後に、お客さまの今後の意向を伺います。

scene 4

低金利への不満を言うお客さまに
「そうですよね。まさかこんなに低い金利が続くなんて思いもしませんでしたよね」

金融機関の顔であるテラーの皆さんは、自分たちではどうすることもできないお客さまの不満なども耳にすることも多いでしょう。不満はニーズを探る第一歩にもなります。低金利への不満を言うお客さまがいらっしゃったら、情報収集の「チャンス」くらいに捉えましょう。

まずは、お客さまの気持ちに寄り添い、お客さまのおっしゃることに同意します。そして、不満内容をよく聴くことが重要です。お客さまの言葉から、リスク許容度やニーズをつかみ、商品提案の機会につなげたいものです。

scene 5

駐車場がせまいと文句を言うお客さまに

「お客さまのおっしゃるとおりです。ご不便をおかけして大変申し訳ありません」

まず、お客さまの言い分を全面的に肯定し、受け取りましょう。「おっしゃるとおりです」「ごもっともです」と同意します。加えて、これに「多くのお客さまからもご意見いただいています」という言葉を添えると、同じ不満を持っているのは今回申し出ていただいたお客さまだけではないと、お客さまの味方に立つことができます。

駐車場を広くするというのは、現実的にすぐには対応できないことです。お客さまもそれは理解していますので、まずは不便な思いを受け取る姿勢が大切です。

そして、ご不便な思いをさせていることや、ご要望にすぐには応えられないことに対して謝罪しましょう。

scene 6

「（自店の他の行職員の）態度が悪い」と怒っているお客さまに

「そうでしたか。それは大変失礼いたしました。そのようなことが二度とないように、もう少しお話を聞かせていただけませんか？」

お客さまが自店に対して不快な思いをしていることを知ったら、その内容を詳しく聴いてみましょう。その際は、たとえ自分のことでなくても、自分のこととして真摯に受けとめることが大切です。そして、そのような態度をとられたときのお客さまの気持ちを感じながら聴きましょう。人により同じ態度でも感じ方は違います。捉え方の違いを知れば応対の幅が広がり、このお客さまへの今後の対応の仕方がわかってくるでしょう。

不快な思いをさせてしまったことを謝罪し、「今後、態度を改めるように注意するとともに私であれば○○のように対応します」と今後の対応について伝えます。

このようなケースは、名指しされた行職員を責めるのではなく、ひとつのケースの対応の仕方として店内で共有し、話し合う機会にするとよいでしょう。

scene

あなたは、お客さまからのクレームというと、どんなクレームが思い浮かびますか？　思い浮かんだクレームについて、どんな言葉で対応するか、考えてみましょう。

シーン

お客さまへの声かけ

実際にやってみてお客さまの反応はどうでしたか？

第8章

情報をうまく引き出す言い方

scene 1

他行や証券会社での資産（投資信託等）の保有状況を聞き出す

「こちらの資産は全体のどのくらいにあたりますか？」

お客さまのお取引明細や通帳などを示して、こうした質問をしてみましょう。私たちはお客さまの資産全体をみて資産相談に乗る必要があります。

信頼関係ができていなければ、警戒心を持たれ、答えてもらえないこともあるでしょう。テラーの皆さんからは「聞きにくい」という声が多く出そうですね。しかし、私たちが本当にお客さまの相談に乗ろうとするならば、お客さまのことを知らなければニーズに応えることはできません。

お客さまにより喜んでいただくためには、お客さまのことを理解することが重要です。さまざまなことを尋ねるのを躊躇しないでください。もし、質問に答えてくれないようでしたら、その前に信頼関係を築くための会話が必要でしょう。まずは「みかんの法則」から始めてみてください。

column

以前、覆面調査で資産運用の相談に行ったとき、「これから結婚して子どもを産むとなると○○円くらい必要になります」と言われたことがあります。そのときに私がどのように感じたか…。

「私は結婚もしているし、子どももいるし…。誰に向かって言っているのかしら?」です。独身で子どもはいないように見えたのでしょう。そのまま話は進んでいきました。私のことを何も理解しようとせずに、一般的な話だけで商品提案が行われます。

これでは説得力もありませんし、お客さまにとっても他人事で終わってしまいますよね。

scene 2

通帳の残高が100万円以上あるお客さまに「こちらのご資金、使い道はお決まりですか？」

残高の多いお客さまに対する定例句です。使い道がお決まりのようでしたら、どのような使い道なのかをさらに聞いてみるとよいでしょう。

低金利が続く昨今では、理由もなくそのまま普通預金に置いている方がほとんどです。またお客さまによって、普通預金に残しておきたい金額も異なります。「使い道はお決まりですか？」といった簡単な問いかけですが、この問いかけから資産運用に対する考え方などを聞いて、キャンペーン商品や預り資産セールスに結び付けられるといいですね。

scene 3

ボーナスの入金があるお客さまに

「いつもご利用ありがとうございます。ボーナスのお使い道はお決まりですか？」

預金口座を給与振込みや年金の受取り口座にしていただいている方は、メインバンクとして自店をご利用いただいている方です。日ごろの取引に対するお礼を伝え、大切にしていきたいという思いを表します。また、日中はなかなかご来店いただけない方が多いでしょうから、もしそのような方にお会いできたら積極的に話しかけたいものです。

ボーナスの使い道を聞いて、すぐにセールスに結びつけようと考えなくても構いませんので、お客さまのことを知ろうという気持ちで問いかけることが大切です。

ボーナスの使い道から、趣味の話が聞けるかもしれませんし、ボーナスに対する不満が出てくるかもしれません。「今年のボーナスはいかがですか？」と尋ねてもいいですね。会社の状況が伺えるかもしれません。

お客さまの背景を多く知ることで、提案の幅が広がります。

scene 4

他行預金の満期情報を聞き出す

「他行さんで低い金利の定期預金をお持ちではないですか？」

キャンペーンなどで上乗せ金利がつく定期預金を販売しているときには、ぜひ「他行さんで低い金利の定期預金をお持ちではないですか」と聞いてみましょう。「低い金利の」という言葉を加えるだけで、聞きやすくなります。また、この問いかけをすることで、実際に答えてくれなくても、他行に定期があるかどうかが予測できることが多いです。

お客さまが直接答えてくれたら、すかさず満期時期や金額などを聞いていくとよいでしょう。また、質問には答えてくれなくても、低金利についてのぼやきが出たり、金利への興味度合いがわかったりすることもあります。

質問する際、いかにも申し訳なさそうに「こんなことを聞いたらいけないのかもしれませんが」と前置きをする方もよく見かけますが、かえって怪しく、お客さまの警戒心を引き出しているように見えますので、軽やかに質問してみてください。

column

研修の一環でフィールドセールストレーニング（ＦＳＴ）を行うことがあります。受講者と一緒に、同行訪問や電話セールスなどにより、実際のお客さまに対してセールスを行うのです。

その際、受講者の感想として多いのが「お客さまは意外と質問に対して答えてくださるのですね」というもの。皆さん、「こんなことを聞いてはいけない」「お客さまを不快にさせる」と思い込んでいる方が多いようです。

質問をすることとは、「私はあなたのことを理解しようとしています」というメッセージを投げかけることでもありますので、ぜひプライベートでもお試しください。好きな人ともっと仲良くなれるかもしれません。

scene 5

住宅ローンの繰上げ返済の原資を聞き出す

「繰上げ返済、おめでとうございます。こちらはコツコツと貯められてきたのですか？」

繰上げ返済をするお客さまに対しては、一緒に喜ぶ姿勢を表しましょう。そして、繰上げ返済の原資として考えられる一般的な例を出して聞いてみます。もし「そうよ」という返事が返ってきたら、「ここまで貯められるのに何か工夫をされたのですか？」と、具体的にどのように貯めたのか、さらに尋ねてみるとよいでしょう。

その際には、しっかりと貯蓄をされたお客さまに対して「すごいですね」という敬意を示し、私にも貯めるコツを教えてくださいという姿勢で接することがポイントです。

scene 6

60歳代のお客さまから年金の受取り状況（意向）を聞き出す

「まだまだ先のことだと思いますが、年金のお受取り先は決めていらっしゃいますか？」

年齢がわからないお客さまでも、「まだまだ先のことだと思いますが」という文言をつければ誰にでも声をかけられます。実際、街で年金受取りキャンペーンのチラシを配布した際に、こうした声かけをしたことがあります。その際、もうすでに年金を受けとっている方でしたら、若く見られたことをうれしがり、笑顔で「いやねー、もう受けとっているわよ」と、その後よくお話をしてくれる方が多かったです。

受取り先を決めていらっしゃる方には、「なぜそちらに決めていらっしゃるのですか？」と理由を必ず尋ねましょう。また、60歳台前半に受け取れる特別支給の老齢厚生年金は1年以上厚生年金に加入していることが受給資格の一つになっているので、「お勤めされていたことはありますか？」「どのくらいお勤めされていましたか？」と質問することで受給開始年齢を予測できます。

scene 7

定期預金を中途解約に来たお客さまから解約理由を聞き出す

「何か大きなお買い物ですか？」

解約理由を尋ねると、「なぜそんなことを教えなくてはいけないのか」などと、お客さまから不満の声が上がることがあります。そうならないためには、「何か大きなお買い物ですか？」「急なご入り用ですか？」と、ある程度内容を絞って聞いてみるとよいでしょう。

その際には、今まで定期にしていただいたお金を、お客さまの欲しい物や必要なことに使っていただけるのであればうれしい、というように、そのお金が使われることを一緒に喜ぶ姿勢で応対することが大切です。そうすればお客さまも、解約を食い止められるという警戒心が薄れ、話をしやすくなります。話の内容によっては、解約が減額できたり、新たな提案に結びつけられたりするかもしれません。

そして、これまでお取引をいただいたことに対する感謝の言葉を添えることも忘れずに。

scene 8

中途解約理由をなぜ教えないといけないのかというお客さまに

「そう思われるのも無理ありませんよね。今、振込詐欺などの手口が巧妙になっていまして、○○さまの場合は大丈夫かと思うのですが、すべての方にお聞きかせいただいています。それでお客さまの資産を守れたケースが数多くございます」

中途解約理由を尋ねると、お客さまによっては不快に思い、皆さんに不満を投げかけてくる場合があります。その際には、「振込詐欺などからお客さまの資産を守るために」という立場で説明するとよいでしょう。

不満を感じている方には、まずその思いを受け取ることが大切です。そうすると、その後の話を聞いてもらいやすくなります。

scene 9

口座解約を申し出てきたお客さまに

「何か私どもにご不便な点などございましたか？」

まずは嫌な顔をせず、解約理由を尋ねましょう。その際、「私たちの落ち度でお客さまにご不便な思いをさせたのでは？」というスタンスで問いかけるのがポイントです。たとえば、引越しなど解約理由によっては、他の店舗をご紹介するなど何か新たに提案できることがあるかもしれません。

そして最後に、「今までお取引いただきましてありがとうございました」と感謝の言葉を添えましょう。さらに、「またの機会にどうぞよろしくお願いします」と一言加えられたらいいですね。

scene 10

高額療養費が振り込まれているお客さまに
「ご家族のどなたかが大きな病気かけがなどされましたか？」

通帳に高額療養費の払戻しがある場合は、ご本人かご家族のどなたかが、大きな病気やけがなどをされたことが考えられます。私たちはお客さまのことをいつも大切に思い、気にかけているという立場から声をかけると、お客さまも打ち解けてお話しいただけます。ただし、病気やけがなどは神経質なテーマでもあるので、話をしたがらない方もいらっしゃいます。お客さまの様子を見て、さらに体調のことを尋ねるのか、「お体を大切にしてくださいね」と話を終わらせるのかを判断しましょう。

scene 11

児童手当の入金があるお客さまに「お子さまはおいくつですか？」

児童手当の振込みがあるお客さまは、中学生以下のお子さまがいらっしゃる方です。入金額によって、お子さんが何人いるか、何歳くらいなのか、おおよその見当をつけることができます。子どもがいる家庭は、子ども中心の生活になりがちなので、お子さんの話題からいろいろ聞き出してみましょう。「男の子ですか？　女の子ですか？」「何か習い事をされていますか？」「将来、お子さまにはどのようになってほしいですか？」など、声をかける材料はいくらでもありますね。

お子さんの年齢によって、小学校入学・卒業、中学校入学・卒業といったライフイベントの時期も決まります。受験を考えられている方もいることでしょう。習い事によっては、お子さんの将来を方向づけるものもありますね。教育資金の準備をしているかどうかを尋ねることにより、学資保険や積立などの商品提案にも結び付けられます。

scene 12

自動車税の納付に来店されたお客さまに
「どんなお車に乗っていらっしゃるのですか？」

自動車税の納付に来られたということは、車を持っているということです。ぜひ、車の話題をきっかけに会話を展開しましょう。車が好きな方やこだわりを持っている方でしたら、自分からいろいろ話してくれるかもしれません。車種、色、おすすめのドライブ先などを聞いてみてもいいですね。

車の話をきっかけに、車の購入を目的とした積立やカーローンなど、セールスにつなげられることもありそうです。

scene 13

中年のお客さまが結婚しているかどうかを知りたい場合

「お子さまは?」

ライフプランに基づいた提案を行ううえで、その人が結婚しているかどうか、子どもがいるかどうかということは重要な要素です。しかし、それは一方で、なかなか聞きにくい話題でもありますよね。そうした場合には、「お子さんは?」と声をかけることで、「ふたりいます」とか「〇歳です」と答えが返ってくることもありますし、結婚していない方は「結婚していません」と答えてくれる場合が多いです。

「ご結婚は?」と聞くよりも尋ねやすく、相手も答えやすいので、ぜひ使ってみてください。ただし、お子さんがいらっしゃらないご夫婦もいらっしゃいますので、あくまでも話の切り出しとして、そこから会話を広げましょう。

scene 14

株式市場の動きがニュースで注目されているとき
「○○さまは、株価は今後どのようになると思いますか？（上がると思いますか？下がると思いますか？）」

株価が大きく変動するなどして、株式市場の動きがニュースで大きく取り上げられているときには、ぜひともその話題をお客さまにふってみましょう。ニュースや社会情勢の話題をきっかけとして、お客さまのニーズを聞き出す方法です。

それにより、株価の話題であれば、お客さまが株価などに興味を持っているかどうかがわかりますし、お客さまの相場観や運用に対する考え方を聞くこともできます。その話をもとに、投資経験やお客さまの資産運用の話につなげられるといいですね。

株価だけでなく、年金や医療・介護といった社会保障制度に関わることや税制などのニュースも、お客さまの情報を引き出すきっかけとなります。積極的に使っていきましょう。

scene 15

商品を提案したら「考えておく」と言われたとき

「ありがとうございます、では、こちらのパンフレットをご覧いただければと思います。数日後に電話でお返事を聞かせていただいてもよろしいでしょうか？」

商品提案をした際に、よく聞く返事が「考えておく」です。せっかくお客さまに商品をすすめても、「考えておく」「検討します」というお客さまの言葉を断り文句と決めつけてしまい、その後のフォローをしない人がほとんどです。その場でパンフレットを渡しても、以後のフォローがなければ、パンフレットは捨てられてしまい、終わりということになりかねません。

実は、「考えておく」と言われたときこそお客さまの意向を確認するタイミングなのです。ここに挙げたようなトークで、もう一歩踏み込んでみてはどうでしょうか。こうした投げかけに対し、「電話はいらない」ということであれば断りと考えざるを得ませんが、電話のアポが取れれば、セールスの次のステップに進めます。

情報収集がしっかりできていると、提案がお客さまのニーズに合ったものになるため、断られるケースは少なくなります。相手のことを思えば思うほど、相手のことを知ろうという気持ちは強くなるはずです。お客さまのために、情報をうまく引き出してくださいね。

scene

目の前のお客さまから、あなたはどんな情報を聞き出したいですか。お客さまとの面談シーンを想定し、知りたい情報を聞き出すための声かけの仕方を考えてみましょう。

シーン

お客さまへの声かけ

実際にやってみてお客さまの反応はどうでしたか？

第9章

こんな「ものの言い方」には要注意

「そのお気持ちわかります」

共感は相手との距離を縮めますが、安易に「わかる、わかる」と言葉にすることには気をつけたいものです。話題が深刻であればあるほど、注意が必要でしょう。

なぜなら、本当に悩んでいる人の気持ちなど、そんなに簡単にわかるものではないからです。相手からすると、理解してもらいたいという思いはあるものの、一方で、そんな簡単にわかってほしくない、わかってたまるか、といった気持ちもまたあるものなのです。人の気持ちは複雑ですね。

じっくり話を聞いてもらったと相手が感じているのであれば、それは共感になりますが、そうでない場合には、相手の言葉をなぞって繰り返すほうが無難でしょう。もしくは「お気持ちお察しします」と伝えます。

「そのお話は以前にもお聞きしました」

同じ話を繰り返すということは、お客さまにとっては話したいことなのでしょう。その話を聞くのが何度目であっても、初めてお聞きするかのように真剣に耳を傾けたいものです。

「以前にもお聞きしました」というのは、お客さまの話を中断させてしまう一言になりますので気をつけましょう。

「そういえば、前にも○○について教えていただきましたね。もっと詳しくお聞きしたいと思っていました」と、以前話したことを覚えていて、感謝していますという姿勢を強調するのはよいでしょう。

「あー、それ知っています。私の場合は…」

相手が出してきた話題に対して、最後まで話を聞かずに自分の体験談などを話し始めてしまうのは「話どろぼう」です。お客さまが話しているときに自分が話したいことが出てきても、まずは耳を傾けるようにしましょう。

お客さまの話をじっくり聞くことによって、ニーズも掴むことができ、私たちの話を聞いてくれるようにもなります。

（お客さまが体の不調を口にしたときに）

「私も同じです」

「肩が凝って」「腰が痛い」など、お客さまが体の不調を訴えたときには、まずはお客さまの体を気にかける言葉を投げかけたいものです。

自分も同じように不調だったりすると、「私も同じです」と自分のことに話を振り替えてしまうことがあります。共感しているように聞こえますが、相手の心配などしておらず、「話どろぼう」になりがちです。

関係が近く、何度も同じことを言う相手に対しては、うっかりそのような応対をしがちなので気をつけましょう。

（アドバイスを求められてもいないのに）

「○○したほうがいいですよ」

私たちは、相手のことを思って「○○したほうがいいですよ」とアドバイスしたり、改善を提案したりすることがあります。言ったほうは相手のために良かれと思って発言するわけですから、悪い気はしません。逆に「いいことをした」という気分になっている人もいることでしょう。

しかし、「○○したほうがいい」「○○はやめたほうがいいですよ」というのは、遠回しに、「今のままではよくない」というメッセージを投げかけることにもなりうるのです。そのお客さまとの関係性や、話の内容にもよるところが大きいのですが、自分が思っているほど相手はありがたいとは思っていないかもしれません。アドバイスよりも、相手を理解することに意識を向けてみるとよいでしょう。

「すみません、すみません」

悪いこともしていないのに、初めの一言が「すみません」、事あるごとに「すみません」、そして何かお客さまが注文しようものなら「すみません」と、「すみません」を連発する人を見かけます。「すみません」ということで頭を低くしている様子は伺えますが、お客さまはそのような人を本当に信頼できるでしょうか。何かお願いをしたらミスをして、すぐに「すみません」と言う人、という印象さえ与えかねません。

まず、その「すみません」という言葉が、本当にその場面で必要なのかを考えてみましょう。自分の不手際で、お客さまに迷惑をかけてしまった際のお詫びには、「申し訳ございません」というう言葉のほうが適切です。また、「お時間をいただき、すみません」というような場合には、「お時間をいただき、ありがとうございます」のほうが適しています。「すみません」と対応している場面のほとんどは「ありがとうございます」と感謝の言葉に置き換えられるのです。

言われる側にしても、「すみません」と言われるよりも「ありがとう」と言われた方が心地よいと思いませんか。

「こんなことをお聞きしたらいけないと思うのですが…」

お客さまに何かを尋ねる際、「こんなことをお聞きしたらいけないと思うのですが」と申し訳なさそうに聞く方を見受けます。思わず「それなら聞くなよ」と突っ込みをいれたくなってしまうのですが、いかがでしょうか？

私たちがお客さまに問いかけるのは、お客さまと親しくなるためであったり、ニーズを掴むためであったり、相手のことを深く理解して、お客さまにより合ったご提案ができるようにするためです。

クッション言葉を使って柔らかく聞くのはよいのですが、申し訳なさそうに、自信なさげに尋ねることでかえって怪しい感じをにおわせ、お客さまの警戒心をあおることがあるので気をつけましょう。

「なぜ私どもで口座開設するのですか？」

現在、口座を開設する際には、「取引時確認」の一つとして口座開設目的をお聞きしなくてはなりません。また、金融機関によっては、お住まいや勤務先の地域でなければ口座を開設することができない場合もありますね。

しかし、唐突にこのような質問をされたお客さまはどのように思うでしょうか？　声のトーンや表情によっても変わりますが、口座開設を歓迎していない印象を与えかねません。「なぜ」という言葉は理由を尋ねるだけでなく、否定の意味が入る場合があるので使い方に気をつけましょう。

まずはご来店いただいたこと、自行を選んでくれたことに対する感謝の言葉を述べ、「お住まいが遠いようですが、どうして当行を選んでくださったのですか？」と、親しみを込めてお話を伺うようにしたいものです。

おわりに

新聞には連日「ＡＩ（人口知能）」という文字が飛び交い、私たちの仕事がコンピュータに変わろうとしています。現在ある金融機関の仕事の大半がなくなるとさえ言われている時代です。

たしかに、事務処理だけで終わりなのであれば、はるかに機械のほうが優れているでしょう。ただ、そんな時代の中だからこそ、心の通った会話が求められ、コミュニケーションのある対応に価値が高まるのだと思います。


私がテラーになりたての頃、よくお客さまからお叱りやクレームを受けることがありました。そんなことばかりが続くと私も落ち込みます。時には心が折れそうになることもありました。

そんなとき、ふと隣の先輩テラーを見てみると、お客さまからとても可愛がられています。「先輩と私では何が違うのだろう？」と悩みました。先輩はきれいな人だったので、外見のせいかなとも思ったものです。

しかし、よく観察してみると、先輩はお客さまに対してとても優しい。言葉のひとつひとつに思いやりがあり、どのお客さまも笑顔で帰っていきます。そんなシーンを目のあたりにし、ハッと自分の応対を振り返ってみました。

思い返せば、事務作業に追われ、自分の都合ばかりを主張するテラーであったことに気づいたのです。お客さまの気持ちなど考える余裕もありませんでした。そこからお客さまの立場からものを考え、気持ちに寄り添って言葉をお伝えするようにしました。

もちろん、先輩テラーと同じようにやってみても、うまくいかないこともありました。それでも、お客さまのことを理解し、何かお役に立ちたいと声をかけ続けていたところ、私もお客さまから可愛がられ、成績がぐんぐん上がり、表彰されるようにまでなったのです。イライラ、もやもやしながらの仕事も楽しくなりました。

人生の中で、仕事が占める時間はとても大きいものです。その仕事がお客さまに喜んでもらえて、自分のやりがいにもつながれば、人生をより豊かなものにすることができます。そしてその人生は、自分の心持ちで、いくらでも素敵に彩ることができると信じています。

本書には、そんな思いも込めました。皆さまに少しでもお役に立てれば幸いです。

最後になりましたが、本書を出版するにあたり、私を著者として選んでくださり出版の機会を与えてくださった近代セールス社の皆さん、編集を担当してくださった飛田浩康さん、デザインを手がけてくださった今東淳雄さんに心よりお礼を申し上げます。

そして、この本を手に取ってくださった読者の皆様に心より感謝いたします。

中島啓子

２０１８年1月

[著者紹介]
中島啓子(なかじま・けいこ)

明治大学短期大学卒業後、都市銀行に入行。主に相談窓口を担当する。営業チャレンジ表彰では連期「店頭渉外優秀賞」を獲得。退職後は主婦からFPに転身。顧客と信頼関係を築くためのコミュニケーションプログラムを取り入れた研修を幅広く展開している。
研修では具体策と共感力で受講生からの支持を獲得。数字にコミットし、実践・継続する仕組みで目標達成に導く研修を得意としている。

〈主な研修テーマ〉
「テラー基礎・応用研修」「接客研修」「CS向上研修」「コミュニケーションスキル向上研修」「セールス力強化研修」「預かり資産研修」「キャリアデザイン講座」「女性活躍推進講座」「目標達成プログラム～店舗活性化研修」など

研修・講演のご依頼は、近代セールス社営業部までご連絡ください。
TEL 03-6866-7586

愛されテラーの"声のかけ方"ノート
お客さまの心に響く場面別フレーズ集

2018年3月20日　発行
2023年4月28日　第2刷

著　者　中島啓子
発行者　楠 真一郎
発行所　株式会社 近代セールス社
〒165-0026　東京都中野区新井2-10-11
ヤシマ1804ビル4階
電話　(03)6866-7586
FAX　(03)6866-7596
装　幀　今東淳雄(maro design)
編　集　飛田浩康
印刷・製本　広研印刷株式会社

ISBN978-4-7650-2092-3